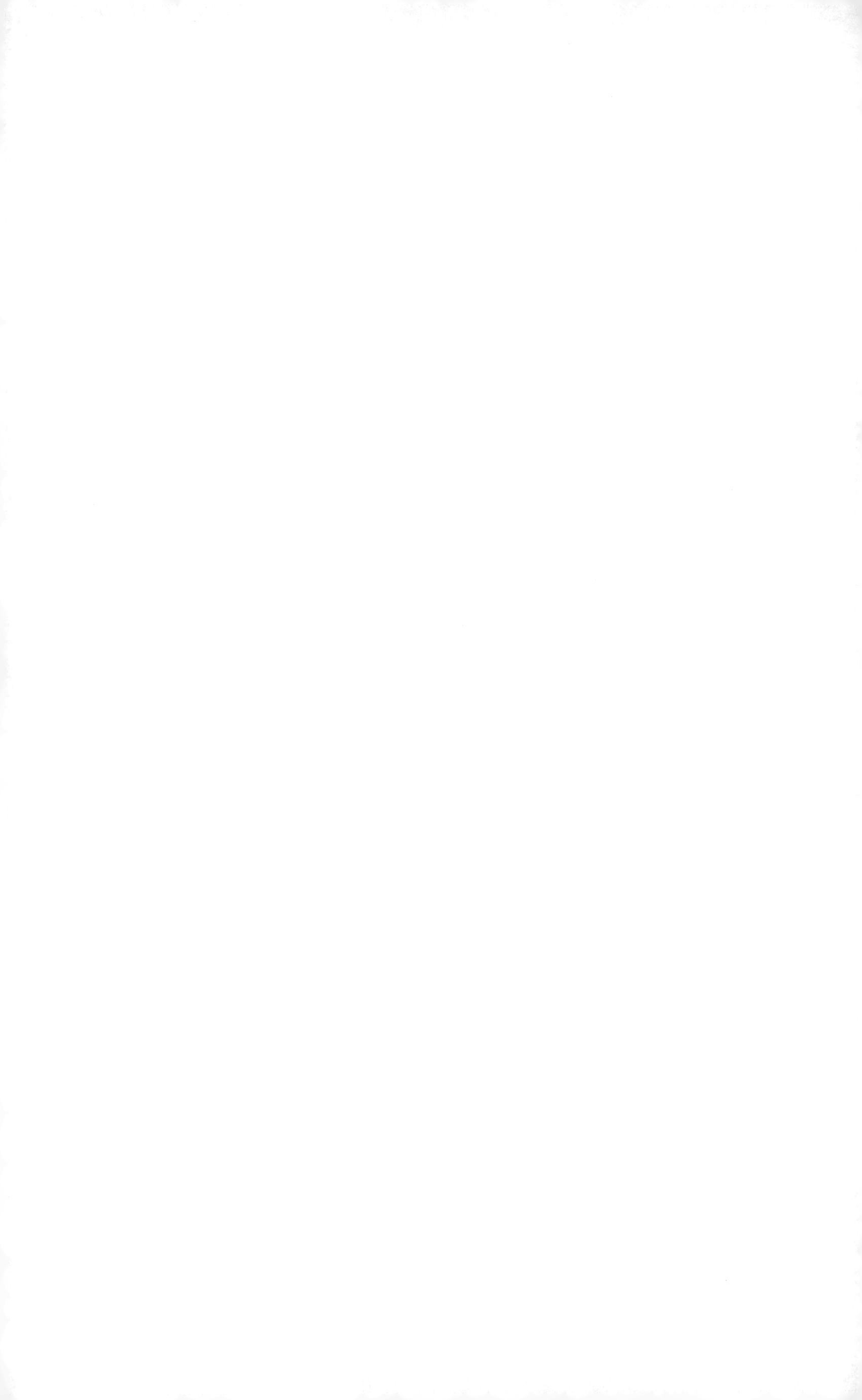

(N° 76)

Vente du Mercredi 25 Avril 1888

HOTEL DROUOT, SALLE N° 4

ESTAMPES

ANCIENNES ET MODERNES

ET

EAUX-FORTES

SUITES DE VIGNETTES

POUR

ILLUSTRATIONS

Me Maurice DELESTRE	**M. DUPONT aîné**
COMMISSAIRE-PRISEUR	MARCHAND D'ESTAMPES
Rue Drouot, n° 27	Rue de Seine, n° 21

PARIS — 1888

Vve RENOU ET MAULDE

IMPRIMEURS DE LA COMPAGNIE DES COMMISSAIRES-PRISEURS

Rue de Rivoli, 144

CATALOGUE (N° 76)

ESTAMPES

ANCIENNES ET MODERNES

ET

EAUX-FORTES

Par Bracquemond, Delauney, Flameng, F. Gaillard Lucien Gautier, Jacquemart, Lalauze, Manet, Ch. Méryon Rajon, de Rochebrune, Rops, etc.

SUITES DE VIGNETTES

POUR

ILLUSTRATIONS

DONT LA VENTE AUX ENCHÈRES PUBLIQUES AURA LIEU

HOTEL DES COMMISSAIRES-PRISEURS

RUE DROUOT, 9, SALLE N° 4

Le Mercredi 25 Avril 1888

A UNE HEURE ET DEMIE

Par le ministère de **Mᵉ Maurice DELESTRE**, Commissaire-Priseur, rue Drouot, 27,

Assisté de **M. DUPONT aîné**, Marchand d'Estampes, rue de Seine, 21.

PARIS — 1888

CONDITIONS DE LA VENTE

Elle sera faite au comptant.

Les Acquéreurs paieront CINQ POUR CENT en sus des enchères, applicables aux frais.

M. DUPONT se réserve la faculté de réunir ou de diviser les lots.

L'ordre du Catalogue sera suivi.

DESIGNATION

ESTAMPES

ABOT, CHAMPOLLION

1 — Naissance de Vénus. — Jeune fille à la colombe d'après Fragonard, etc. 4 p., belles ép. avant la lettre.

BAUDOUIN

2 — Le Matin — Le Midi — Le Soir — La Nuit. 4 p. sur vélin, marges.

BORET (De)

3 — Cendrillon. 20 p.

4 — Les douze mois de l'année. 13 p., suite complète.

BRACQUEMOND

5 — Ils s'en allaient dodelinant. — Portrait de Fernand, acteur. 2 p., belles ép. sur Japon, avant la lettre.

6 — La servante d'après Leys. Très belle ép. avant la planche coupée.

BRACQUEMOND

7 — Sur la Terrasse. Très belle ép. sur Japon, avant la lettre.

8 — Le haut d'un battant de porte. 2 ép. dont une avant lettres, sur Japon.

9 — Ex-libris Asselineau, Champfleury, etc. 6 p., belles ép.

10 — Portrait de Legros, Meyer, etc. 4 p. dont 3 avant la lettre.

CALAMATTA

11 — Le duc d'Orléans. Très belle ép. d'artiste.

CHAMPOLLION

12 — Suite des neuf eaux-fortes pour le catalogue Mahérault. Ep. d'artiste sur Japon blanc. Très rares.

CHARDIN (D'après)

13 — Sujets divers. 5 p., très belles ép. avant la lettre.

CHARLET

14 — Réjouissances publiques. — C'est mon père. — Waterloo — St-Jean-d'Acre, etc. 17 p.

CHARLET ET RAFFET

15 — Sujets divers lithographiés. 24 p. belles épr.

COCHIN (C.-N.)

16 — Portraits de Guy Brenet, J.-B.-Pierre, Jos. Roëttiers, A. Séguier, Paul Amb., Hodtz, Carle Vanloo, Joseph Vernet, le Président Hénault. 8 p. belles ép.

17 — Entêtes et Culs-de-lampes pour l'Histoire de France — Portraits tirés de la *France illustre*, in-4. Ensemble 46 p.

DAUMIER, TRAVIÈS, PHILIPPON, ETC.

18 — Caricatures politiques, tirées du Journal *la Caricature*, et autres. Un album contenant 83 p. en noir et coloriées.

DELACROIX (EUG.)

19 — La Barque du Dante, grand in-fol, Très belle ép. sur Chine avant la lettre.

20 — Eaux-fortes et lithographies. 4 p.

DELAROCHE (P.)

21 — Le Vendredi-Saint — Le Golgotha — Le petit Mendiant, etc., grand in-fol., 5 p., belles ép.

DELATRE (AUG.)

22 — Vue de Paris, effet d'orage, en 1871 (H.B. 108). Très belle ép., d'artiste.

DELAUNEY

23 — Notre-Dame de Paris. Très belle ép. avant la lettre.

DELAUNEY

24 — Harfleur. — Eglise Saint-Pierre à Caen. 2 p., belles ép.

DETAILLE

25 — Un Cuirassier. — Un Chasseur. 2 p., belles ép. avant la lettre.

DU BOUCHET (H.)

26 — Le Rêve de Sainte-Cécile, plafond du Nouvel Opéra, d'après P. Baudry. Très belle ép. avant la lettre, signée.

27 — Portrait de M. Robert-Fleury, directeur de l'Académie de France à Rome. Ep. d'artiste sur Chine. Très rare.

DUPLESSIS-BERTAUX

28 — Batailles — Costumes. 16 p.

FEUCHÈRE (J.)

29 — Adresse de Barbedienne, fabricant de bronzes, gravée à l'eau-forte. Ep. avant la lettre sur Chine. Très Rare.

FLAMENG (L.)

30 — Jésus guérissant les malades, d'après Rembrandt. Ep. avant la lettre.

31 — Jeune fille, d'après Greuze. — Odalisque, d'après Ingres. — L'Astronome, etc. 4 p., belles ép. avant la lettre.

FORTUNY

32 — Le Choix du modèle, par Champollion. Belle ép. sur Chine.

GAILLARD (F.)

33 — Tête de cire, d'après Raphaël. Très belle ép. avant la lettre.

34 — Portrait de Jean Bellin. Très belle ép. d'artiste, avec dédicace. Signée.

35 — Le même portrait. Ep. avant la lettre.

36 — La Vierge de Jean Bellin — La Vierge au donateur, d'après le même. 2 p. belles ép. sur Chine.

37 — Dom Guéranger. Belle ép. sur Chine.

38 — Mgr Billard, évêque de Carcassonne. Ep. non terminée, sur Japon.

39 — Le même portrait. Belle ép. sur Chine.

40 — Portrait du Prince Bibesco. Très belle ép.

41 — Saint Georges, d'après Raphaël. Très belle ép. avant toutes lettres, petite marge.

42 — La Joconde. Ep. du 1er état à l'eau-forte pure, sur Japon.

GATINE

43 — Costumes Suisses, d'après Lanté. 16 p. coloriées.

GAUCHEREL (L.)

44 — Médailles, ornements, etc. 8 p. avant la lettre.

GAUJEAN

45 — Gabrielle-Emilie de Breteuil, marquise du Chastelet, d'après Nattier. Ep. avant lettres sur Japon.

GAUJEAN, HANRIOT

46 — Femme au masque. — La Fortune, d'après Baudry, etc. 4 p. avant la lettre sur Japon.

GAUTIER (Lucien)

47 — Le Pont des Saints-Pères. Ep. d'artiste, sur papier Whatman, signée.

48 — Le Pont des Saints-Pères. — Le Quai Jemmapes. 2 p. sur Japon, signées.

49 — La Place du Châtelet. — La Place Maubert. 2 p. sur Japon, signées.

50 — La Rue Galande. — La Rue du Haut-Pavé. — La Place Maubert. 3 p. sur Japon, signées.

51 — Le Château Saint-Ange à Rome. — Le Forum. 3 ép. de remarque et avant lettres, signées.

GAVARNI

52 — Costumes historiques. 12 p., dans la couverture de publication.

53 — Scènes de carnaval. 9 p.

54 — Les petits Bonheurs, suite de 15 p., gravées par Rouargue, in-4°. Très belles ép. sur Chine.

GAVARNI ET DAUMIER

55 — Paris le soir. — Les Etudiants de Paris. — Les Enfants terribles. — Fourberies de femmes. — Les Débardeurs. — Mœurs conjugales. 26 p. belles ép. coloriées.

GÉRICAULT

56 — Lithographies diverses. 30 p. belles ép.

GRANDVILLE (J.-J.)

57 — Les Amusements de l'Enfance. — Les Jouissances de l'âge mur, etc. 10 p. tirées sur papier teinté.

GUÉRARD

58 — Azor. Superbe ép. d'une eau-forte tirée à plusieurs tons. Rare.

HÉDOUIN (Edm.)

59 — Rendez-vous de chasse, d'après Vanloo. Ep. avant la lettre, non terminée.

HÉLIOGRAVURES

60 — L'Indiscrétion, d'après Lavreince. Belle ép. en couleur.

61 — Le Lever, d'après Baudouin. — L'Escalade ou les Adieux du matin, d'après Debucourt. — Noce de village, d'après Taunay. 3 p. en couleur.

ISABEY ET LEPOITTEVIN

62 — Marines. — Diableries. 11 p.

JACQUEMART (J.)

63 — Défilé des populations lorraines devant l'Impératrice à Nancy. Très belle ép. avant la lettre.

64 — Wilhem van Heythuysen, d'après Frans Hals. Très belle ép. avant la lettre.

65 — Portrait de Rembrandt, Vases, Cassolette, Tasse de Sèvres, etc. 5 p., belles ép. avant la lettre.

LALANNE, APPIAN

66 — Vues et paysages. 5 p., belles ép. avant la lettre.

LALAUZE (Ad.)

67 — L'entrée de Charles-Quint à Anvers, d'après Mackart. Très belle ép. sur papier Van Gelder.

68 — Suite de 70 portraits, d'ap. les pastels de La Tour et un frontispice, gravés à l'eau-forte. Ep. d'essai. dont plusieurs non terminées.

69 — Scènes de Molière.—Portraits d'enfants. 10 p. sur Japon et Hollande avant la lettre.

LANÇON

70 — Tête de Lion. — Les Carriers. — Ambulance. — Le Peloton. 4 p., belles ép. avant la lettre.

LE GOUAZ, etc.

71 — Les Combats de Jean-Bart. — Plans de villes d'Alsace et de Lorraine. — Vignettes du XVIIe siècle. 56 p.

LELOIR (L.)

72 — Un Raffiné. Belle ép. avant la lettre.

LHERMITTE

73 — Intérieur d'église. — Les Vendanges. 2 p., belles ép. avant la lettre sur Japon.

MANET

74 — Le Polichinelle. Lithographie tirée en couleur. Très rare.

75 — Le Champ de courses. Lithographie originale, rare.

76 — La mort de Maximilien. Lithographie originale, rare.

77 — La Commune. — Guerre civile. Lithographies originales. 2 p.

78 — Le Gamin. — Portrait. 2 ép. différentes. Lithographies originales. 3 p.

MARTIAL

79 — Un Jeune Citoyen de l'an v, d'après Goupil. Belle ép. avant la lettre sur Japon.

80 — Mlle Juliette Dodu, Chevalier de la Légion d'Honneur. Belle ép. sur Chine.

MEISSONIER (D'après)

81 — Une Lecture chez Diderot, par Mongin. — La Chanson, par le même. 2 p., très belles ép. avant la lettre.

82 — Convoi en Marche. — Barricade en 1848. 2 p. gravées à l'eau-forte. Ep. sur Japon.

83 — Une Halte, par Lalauze. — Un Lansquenet, par Le Rat. — L'Audience, par Carey. — Polichinelle. 4 p.

MÉRYON (CH.)

84 — Son Portrait, par Bracquemond. Belle ép. signée du graveur.

85 — Le Petit-Pont. Belle ép. sur Chine.

86 — L'Arche du Pont Notre-Dame. Très belle ép. avec le nom et l'adresse de Méryon, sur Chine.

87 — Saint-Étienne-du-Mont. Très belle ép. avant l'adresse de Delatre, sur Chine.

88 — La même Estampe. Belle ép. avec l'adresse.

89 — La Pompe Notre-Dame. Belle ép. sur Chine.

90 — Le Stryge. Très belle ép. sur Chine.

91 — Vue de l'Ancien Louvre du côté de la Seine. — Vue du Collège Henri-IV. 2 p. belles ép.

92 — Couverture des Eaux-fortes sur Paris, 1852. Très belle ép. papier bleu.

MILIUS

93 — Le Moulin, d'après Hobbéma. Très belle ép. d'artiste, sur Chine collé.

94 — Portrait de Femme, d'après Watteau. — Au bord de la mer. 2 p. belles épreuves avant la lettre, signées.

MONNIER (H.)

95 — Les Grisettes, quatre planches coloriées, toute marge, avec couverture. — Récréations, Paris vivant, Grisettes, etc. 12 p. coloriées. Ensemble, 16 p.

MORDANT (D.)

96 — A l'Église, d'après Jean Béraud. Très belle ép. sur Japon, avec remarque.

MOREAU le jeune

97 — Seconde suite d'Estampes pour servir à l'Histoire du costume en France dans le XVIIIe siècle, in-8. Réduction en contre-partie; très belles ép. à grandes marges. (5 p. sont plus courtes).

MOUILLERON

98 — Incendie d'un Quartier juif, d'après R. Fleury. — Lithographies diverses, 14 p.

NANTEUIL (Cél.)

99 — Lithographies diverses, 11 p.

PRUDHON (P.-P.)

100 — Trois Vignettes in-4, *Daphnis et Chloé*, gravées par Roger. Très belles ép. avant la lettre, toute marge.

RAFFET

101 — Voyage en Russie. 58 pièces.

RAJON

102 — Un Schisme, d'après Vibert. — Le Concert, d'après Jean Steen. 2 p. avant la lettre, sur Chine.

103 — Madame Pasca. — Jeanne d'Arc. 2 p. belles ép. avant la lettre.

RICHOMME

104 — Mort de Léonard de Vinci, d'après Ingres, in-fol. Belle ép.

ROC'BHIAN (Aufray de)

105 — Retour de Chasse. Deux très belles ép., dont une avant la lettre, signée.

ROCHEBRUNE (de)

106 — Notre-Dame de Paris. Très belle ép. avant la lettre.

107 — La Sainte-Chapelle, à Paris. Très belle ép. avant la lettre et avec le cachet de l'artiste.

108 — La même estampe. Très belle ép. avant la lettre.

109 — La façade du Louvre. Très belle ép. avant la lettre.

110 — Le Musée de Cluny. Très belle ép. avant la lettre.

111 — Porte principale du château d'Anet, construit pour Diane de Poitiers, par Ph. Delorme. Belle ép.

112 — Château de Blois, vue prise de la rue Chemonton. Très belle ép. avant la lettre.

113 — Hôtel de Jacques Cœur, à Bourges. Ép. avant la lettre.

114 — Façade orientale du château de Chambord. — Lanterne du château de Chambord. 2 p., belles ép.

115 — Château de Chenonceaux. Très belle ép. avant la lettre.

ROCHEBRUNE (DE)

116 — Château d'Ecouen, façade dans la cour et façade des Esclaves, de Michel-Ange. 2 p., belles ép.

117 — Château de Pierrefonds, vue du château et vue du donjon. 2 p., belles ép.

118 — Maison du XVIe siècle à La Rochelle. Très belle ép.

ROPS (F.)

119 — Art moderne. Belle ép. sur Japon, signée.

120 — Femme à l'Eventail. 2 ép., dont une du 1er état.

121 — Bébé. Très belle ép. du 2e état sur Japon. Signée.

122 — La Dame à la fourrure, couchée. — La Dame au miroir. 2 p., la dernière est sur Japon.

123 — Mon Bourgmestre. — Le Modèle. — Mon ami Lesly. — La Vieille Masken. 4 p., belles ép.

124 — La Dame au miroir. — Passé minuit. — Art moderne. 3 p. sur Japon.

125 — Le Train des Maris. 2 ép. dont une très belle sur Hollande. Signées.

126 — Frontispice des *Bas-fonds de la Société*. 2 ép. dont une sur Chine et l'autre en bistre.

127 — Frontispices in-8. — Croquis. 5 p.

SCHULLER (C.)

128 — Les Oiseaux. 15 planches coloriées avec le titre, en un album cartonné.

SOMM (HENRI)

129 — Histoires conjugales. 12 eaux-fortes sur Japon et Hollande.

STONE (F.)

130 — The Gentle Warning. — Strictly confidential. 2 p. in-fol. en hauteur.

VERNET (HORACE)

131 — Salon d'Horace Vernet, collection gravée d'après les tableaux exposés chez lui en 1822. 3 livraisons contenant 15 p. avant la lettre. — *La Henriade*, lithographies originales. 17 p. in-fol. Ensemble 32 p. sur Chine.

WALTNER

132 — Mistress Fitzherbert. Très belle ép. avant la lettre sur Chine collé.

133 — Portrait de Mme la comtesse de Barck, d'après H. Regnault, in-fol. Très belle ép.

134 — Clarissa, d'après Reynolds. Très belle ép. avant la lettre. Signée.

WINKÈLES

135 — Bal à Amsterdam. — Carnaval à Rome. 3 p.. belles ép.

GRAVURES DIVERSES

136 — Métamorphoses d'Arlequin, parades jouées sur le Théâtre-Français, Bruxelles, 1826. 12 pl. coloriées et la couverture.

137 — Costumes militaires russes et allemands de 1660 à 1815. 36 feuilles coloriées.

GRAVURES DIVERSES

138 — Coiffures. — Différentes Têtes. 45 p. coloriées.

139 — École hollandaise, d'après Téniers, Rubens, etc. 16 p.

140 — Sujets religieux, école italienne, etc. 64 p.

141 — École italienne. 33 p. du Musée de Florence.

142 — École française du XVIIIe siècle. 43 p.

143 — École française, sujets gracieux en noir et en couleur. 61 p.

144 — Ornements par Bérain, Babel, Forty, etc. 24 p.

145 — Gravures par Della-Bella, Plonski, etc., sujets militaires. 39 pièces, plusieurs coloriées.

146 — Lithographies par Henri Monnier, Raffet, Bellangé, Carle et Horace Vernet. 20 p. dont 6 coloriées.

147 — Lithographies en noir et couleur. 35 p.

148 — Lithographies par Baron, Français, Étex, tirées des Salons. 88 pièces.

149 — Sujets tirés du journal *L'Artiste*. 156 p. de 1er tirage avec le cachet de publication.

150 — Journal *L'Art*. 17 livraisons.

151 — Eaux-fortes de Denon, d'après des tableaux et compositions, gravures par Ransonnette. 22 p.

152 — Eaux-fortes par Appian, Flameng, Foulquier, G. Greux, Lalanne, Le Rat, Michetti, Mongin, Monziès, de Nittis, etc. Environ 200 p. Plusieurs lots.

153 — Portraits anciens par Edelinck, Duflos, Chéreau, Miger, Tardieu, etc. 30 p.

GRAVURES DIVERSES

154 — Portraits de J.-B. Oudry pour les *Fables de Lafontaine*, Collin de Vermont, J.-J. Rousseau, etc., et portraits modernes. 12 p.

155 — Portraits anciens et modernes. 31 p.

156 — Portraits modernes. 40 p., la plupart avant la lettre.

157 — Vues de Paris et autres. 14 p.

158 — Gravures diverses. Environ 100 p.

SUITES DE VIGNETTES

159 **Beaumarchais.** Suite de cinq figures de Malapeau et Roy, pour *le Mariage de Figaro*, in-8. Très belles ép. toute marge.

160 **Bernardin de Saint-Pierre.** Suite des cinq figures de Westall, gravées par Heath, pour *Paul et Virginie*, in-8. Très belles ép. toutes marges. Rares.

161 — Suite de un Portrait, cinq figures de Corboult et six de Desenne pour *Paul et Virginie*, in-8. Très belles ép. avant la lettre sur Chine, marges in-4.

162 — Suite des cinq figures de Corboult, pour *Paul et Virginie*, in-8. Exemplaire en deux états, eaux-fortes pure et avant la lettre sur Chine, grand papier.

163 — Suite de un Portrait et neuf figures d'après Corboult, in-8. Très belles ép. avant la lettre sur grand Chine, marges in-fol. (Manque une pièce pour l'*Arcadie*).

164 — Vignettes de Corboult pour *Paul et Virginie* et *la Chaumière indienne*, in-8. 25 p. avant la lettre et à l'eau-forte pure.

165 — Figures de Corboult pour *Paul et Virginie* et *la Chaumière indienne*, 26 p. en grande partie avant la lettre et à l'eau-forte pure.

166 — Suite de huit eaux-fortes de Lalauze pour *Paul et Virginie*, in-8. Ép. avant la lettre sur Hollande.

167 **Boccace.** Titres du *Décaméron*, édition de 1801. 10 p. plus deux avant la lettre.

168 **Boileau.** Suite complète de neuf figures de Fortin, gravées par Girardet. Ép. de tirage à part, marges in-fol.

169 — La même Suite. Belles ép., marges in-8.

170 — Suite de neuf figures, dont un portrait, d'après Monsiau et Forty, pour les *Œuvres* ; — Suite de six figures de Chéreau, pour le *Lutrin*, in-4, toutes marges. Ensemble 15 p.

171 — Figures de Moreau le Jeune pour le *Lutrin*. — Figures de Desenne pour le même livre. 40 ép. dont dix avant la lettre sur Chine.

172 Suite des treize figures de Vernet, Choquet, etc. pour les *Œuvres*, exemplaire lettres grises — Suite de six vignettes et un Portrait pour le *Lutrin*, édition Lemerre. — Deux figures de Monnet. Ensemble 40 pièces.

173 **Boileau** et **Mme de Sévigné.** Suite de treize figures de Foulquier, édition Mame pour les œuvres de Boileau. — Sept figures du même pour les lettres de Mme de Sévigné. Ensemble 20 p. épreuves d'artiste et non terminées.

174 **Brantôme.** Suite de dix figures de Champollion, et un portrait, in-8. Ép. avant la lettre.

175 **Byron** (Lord). Figures de Tony Johannot pour les *Œuvres* in-8. 15 p. très belles ép. avant la lettre sur Chine grand papier, plus deux eaux-fortes.

176 **Caylus** (Mme de). Suite de quatre figures gravées sur acier pour l'édition Téchener, 1860. Ép. avant la lettre en deux états avant et avec le cadre. (Trois exemplaires).

177 **Cervantes.** Suite des vingt figures de Rivelles, et un portrait, pour une édition espagnole, in-12, — Suite de neuf figures d'Eugène Lami, avant la lettre — et dix figures de Cruickshauck, in-12. Ensemble 40 pièces.

178 **Châteaubriand.** Suite de six figures de Choffard et Saint-Aubin pour *Atala*, in-8. Très belles épreuves avant la lettre, toute marge ; plus 2 p. à l'eau-forte pure.

179 — Suite des vingt-quatre vignettes d'Alfred et Tony Johannot pour les *Œuvres*, édition Furne et plusieurs frontispices in-12 avant la lettre. Ensemble 39 p.

180 **Cooper.** Figures de Tony Johannot pour les *Œuvres*, édition Gosselin, in-8. 25 p. avant la lettre sur Chine, grand papier, dont trois non terminées.

181 **Corneille** (P.). Suite de douze *DESSINS ORIGINAUX* de Du Bouchet pour les *Œuvres*, in-8, à l'encre de Chine. (Inédits.)

182 **Delille.** Suite des seize fleurons de titres dessinés par Desenne et gravés par Thompson. Exemplaire en deux états sur Chine, tiré en noir et en bistre. — Plus 30 p. doubles.

183 **Des Touches.** Suite des sept figures de Le Blant, gravées par Champollion. Exemplaire en double état ; d'artiste avec remarques et à l'eau-forte pure sur Japon.

184 **Fénélon.** Suite des vingt-quatre figures de Lefèvre pour *Télémaque*, in-8. Belles ép., toutes marges.

185 — Suite des vingt-deux figures de Moreau le jeune et un Portrait, édition Renouard. Très belles ép., toutes marges.

186 — Suite des quatorze figures dessinées et gravées par Foulquier, pour *Télémaque*, édition Mame. Ep. avant la lettre sur Chine volant.

187 **Florian.** Suite des quatre-vingts figures de Queverdo, Lebarbier, etc., pour les *Œuvres*, édition Renouard, in-12. Belles ép., toute marge.

188 — Suite de six figures de Le Rat, d'après Emile Adan, et un Portrait, pour les *Fables*, in-8. Ep. à l'eau-forte pure (le portrait est rogné).

189 — **Foé** (De). Suite complète de vingt figures et deux fleurons, de Stothard, pour *Robinson Crusoé*, in-8. Très belle suite anglaise, avant la lettre sur Chine, marges, in-fol. — Plus trois portraits.

190 **Galland.** Suite de vingt figures de Lalauze pour les *Mille et une Nuits*, in-12. Ep. sur Hollande.

191 — Suite de dix-huit figures de Chasselat, pour les *Mille et une Nuits*, avant la lettre sur Chine — et soixante-cinq figures de l'édition Pourrat et autres, en grande partie avant la lettre. 83 p.

192 **Goëthe.** Suite de dix figures de Tony Johannot, pour *Faust*. In-8, belles ép. sur Chine, marges, in-4.

193 — Deux figures de Meissonier pour *Faust*, gravées sur bois, in-12. Ep. remontées.

194 **Gresset.** Cinq figures de Moreau pour *Vert-Vert* et le *Lutrin*, in-18. Deux exemplaires dont un à grandes marges. — Suite de 4 figures non soignées pour *Vert-Vert*, in-8. — Six figures de Moreau et un portrait pour les *Œuvres*, in-8. Ensemble 22 p.

195 **Heptaméron.** Suite de six figures gravées par Champollion, De Mare et Nargeot, pour la nouvelle édition Eudes. Ep. de graveur sur Japon (2 ex.)

195 *bis* — Suite de quinze vignettes de Courtry, entêtes de pages, édition Eudes. Exemplaire double, sur Hollande et Chine volant.

196 **Hugo** (Victor). Suite de quatre figures de Massé pour les *Contemplations*, in-12. Ep. d'artiste sur Japon, signées. — Plus un exemplaire en 1er état, avant la planche coupée.

197 **La Fontaine.** Suite des vingt-six figures de Moreau le jeune et un Portrait pour les *Œuvres*, in-8. Très bel exemplaire, avant la lettre, marges, in-4 (7 p. sont avant le cadre).

198 — La même suite. Belles ép., toute marge.

199 — Suite de douze figures de Tony Johannot et un portrait, pour les *Œuvres*, édition Furne. Très bel exemplaire en trois états, eau-forte pure (manque le portrait), avant la lettre sur Chine et avec la lettre. Rare.

200 **La Fontaine.** Suite de douze figures de Tony Johanot pour les *Œuvres*. Exemplaire en deux états, avant la lettre sur Chine et eaux-fortes pures (marque deux eaux-fortes).

201 — Suite de treize figures dont un portrait, d'après Devéria pour les *Œuvres* in-8. Très belles ép. avant la lettre.

202 — Vignettes par Oudry, pour les *Fables*, in-4. 55 p. toutes marges.

203. — Suite des douze figures de Bergeret pour les *Fables*, in-8. Très belles ép. avant la lettre, grand papier.

204 — Suite de soixante-douze eaux-fortes d'après Oudry, édition Lemerre, in-12. Très belles ép. avant la lettre sur Chine volant, marges in-4°.

205 — La même suite, deux exemplaires avec la lettre.

206 — Figures de la suite des douze peintres, pour les *Fables*, in-8. Trois exemplaires sur Hollande.

207 — Six vignettes refusées de la suite des *Contes*, édition des Fermiers généraux. Belles ép. toute marge.

208 — Suite des dix figures de Hersent, pour les *Contes* in-4. Très belles ép. (manque la planche « Comment l'esprit vient aux filles »).

209 — Suite de vingt figures de Desenne et un portrait pour les *Contes*, in-12. Ep. avant la lettre, toute marge.

210 — Suite de huit figures de Moreau et un portrait, pour *Psyché*, in-12. Ep. avant la lettre (une pièce est imprimée avec cache). — La même suite avec la lettre toute marge.

211 **Legouvé** et **A. Martin**. Suite de sept figures pour les *Œuvres*, édition Janet, eaux-fortes pures. — Suite de quatre figures de Desenne pour les *Lettres à Sophie*, avant la lettre. Ensemble 11 p.

212 **Lemercier de Neuville.** Suite des douze figures pour le Nouveau théâtre des Pupazzi, in-12. Ep. avant la lettre sur Japon.

213 **Lesage.** Suite des vingt-neuf figures de Monnet, pour *Gil-Blas*, in-12. Très belles ép. avant la lettre, tirées in-8. Rares.

214 — Suite de quinze figures d'Henri Pille et un frontispice pour *Gil-Blas*. Ep. avant la lettre sur Chine volant, marges in-4.

215 — Vignettes de Lalauze pour *Gil-Blas*, in-8. 56 p. avant la lettre, quelques doubles.

216 **Louvet.** Suite de quinze figures et un portrait, gravées par Monziès, d'après Paul Avril. Très bel exemplaire en épreuves d'artiste sur Japon blanc.

217 — Vignettes de la même suite. 32 p. épreuves d'essai et à l'eau-forte pure.

218 **Lucrèce.** Suite des sept figures de Monnet, in-8. Bel exemplaire en deux états, avant et avec la lettre toute marge.

219 **Molière.** Suite de trente-six figures de Moreau, pour les *Œuvres*, tirage de Wilhem. Ep. sur Chine volant.

220 — La même Suite. Exemplaire en bistre et en noir sur Hollande.

221 — La même Suite. Exemplaire à la sanguine sur papier teinté et en noir sur Hollande.

222 **Molière.** Suite des trente-cinq figures de Boucher, édition Lemerre, in-18. Ép. sur Hollande.

223 — Suite de sept figures de Coypel, gravées par De Mare, in-8. Ép. avant la lettre sur Japon.

224 **Montesquieu.** Suite des douze figures de Regnault, gravées par Duplessis-Bertaux, in-18. Très belles ép., toute marge.

225 **Nodier** (Ch.). Suite complète de huit eaux-fortes de Tony Johannot. Ép. du 1er tirage sur Chine, in-8. — Plus 6 p. de la même suite en grand papier.

226 **Nogaret.** Suite des dix Entêtes pour *Le fond du sac*, gravés à l'eau-forte par Champollion, Ed. Lemonnyer, in-8. Très belles ép. d'artiste sur Japon blanc.

227 **Perrault.** Suite de dix figures de Lalauze et un Portrait pour les *Contes de Fées*. Très bel exemplaire avant toutes lettres, marges, in-4.

228 **Petits Conteurs.** Suite des quarant-six Vignettes, Entêtes de pages attribués à Duplessis-Bertaux, édition Leclère. Ép. sur Chine volant.

229 **Racine** (J.). Suite de un Portrait et douze figures de Moreau pour les *Œuvres*, in-8. Très belles ép., toute marge.

230 — Suite de vingt-cinq figures de Le Barbier et un Portrait pour les *Œuvres*, in-8. — Douze figures de de Chaudet, Peyron, etc. et un portrait. Ép. avant la lettre. Ensemble 39 p.

231 — Suite complète de vingt Portraits en pied des principaux personnages du théâtre, dessinés par Geoffroy, in-4. Très bel exemplaire en deux états, en noir sur Chine et ép. coloriées.

232 **Régnard.** Suite de douze figures de Borel et un Portrait pour les *Œuvres*, édition de 1790. Très belles ép.

233 **Révolution.** Suite des seize figures de Couché pour les *Précis de la Révolution*, in-8. Très belles ép. avant la lettre, tirées à deux sur la feuille. — Plus 20 p. doubles du même état.

234 — Suite de vingt et une figures de Raffet pour le *Musée de la Révolution*, édition Perrotin. Ép. avant la lettre.

235 — Suite de un Portrait et quatre-vingt-cinq figures de Raffet pour l'*Histoire de France*, par l'abbé de Montgaillard, 1 vol. demi-rel.

236 **Rousseau** (J.-J.). Suite des vingt-sept figures de Marillier pour les *Œuvres*, in-18. Belles ép.

237 — Trente-trois figures de Devéria, édition Dalibon. Très belles ép. avant la lettre sur Chine.

238 — Suite de cinq figures de Prudhon et un Portrait pour la *Nouvelle Héloïse*. Belles ép.

239 — Suite de sept figures de Cochin pour *Émile*, in-8. — Six figures de la même suite, in-4. Ensemble 13 p., toute marge.

240 **Sévigné** (Mme de). Suite de vingt-cinq Portraits de Devéria, édition Dalibon, in-8. Très bel exemplaire en deux états, avant la lettre, sur Chine et eaux-fortes pures, marges in-fol.

241 — La même suite, avec la lettre en un volume broché.— Plus 22 ép. à l'eau-forte pure et deux avant la lettre.

242 **Swift.** Suite de dix figures de Lefèvre, pour les *Voyages de Gulliver*, in-12. Ep. avant la lettre (manque une pièce). — Plus un exemplaire complet avec la lettre.

243 — Suite des seize figures de Gavarni, pour les *Voyages de Gulliver*, in-8. Très belles ép. sur Chine, marges, in-fol.

244 **Thompson.** Suite de quatre fig. et un frontispice de Westall, pour *les Saisons*, in-8. Très belles ép., toute marge. Rares.

245 **Voltaire.** Suite de dix figures de Moreau le jeune et un frontispice pour *la Henriade*, in-8. Très belles ép., toute marge.

246 — Suite de dix figures et un Portrait, d'après Moreau le jeune, pour *la Henriade*, in-4. Très belles ép., toute marge.

247 — Suite de onze figures, de Gravelot et deux portraits, pour *la Henriade*, in-4. Très belles ép.

248 — Suite de dix figures d'Eisen, pour *la Henriade*. — Suite de dix fig. de Moreau et un portrait pour le même ouvrage, 1re suite. 21 p.

249 — Suite des dix figures de Le Prince, pour *la Henriade*, in-8. Exempl. en deux états, avant la lettre, sur Chine et eaux-fortes pures.

250 — Suite de vingt et une figures de Moreau et un Portrait, pour *la Pucelle*, in-8. Belles ép.

251 — Suite de vingt et une figures et un Portrait, d'après Monsiau, Marillier, etc., pour *la Pucelle*, grand in-8. Très belles ép., marges, in-fol.

252 **Voltaire.** Suite des vingt-quatre figures de Duplessis-Bertaux, pour *la Pucelle,* tirage de Leclère. Ex. en deux états, sur Hollande et sur Chine volant.

253 — Vignettes de Moreau et Duplessis-Bertaux, pour les *Contes.* — Figures de Leprince, pour *la Henriade.* 63. p.

254 **Walter Scott.** Figures d'Alfred et Tony Johannot, pour les *Œuvres*, in-8. 33 p., belles ép.

255 — Vignettes diverses, édition Gosselin. 55 p. en grande partie avant la lettre et à l'eau-forte pure. sur Chine.

256 — Frontispices pour ses *Œuvres*, in-8. 89 p. à deux sur la feuille, avant la lettre, sur Chine, gr. papier.

257 **Vignettes diverses.** Suite de deux Culs-de-lampes d'Eisen, pour la *Nouvelle Zélis au bain.* Très belles ép. de tirage à part, sur la même feuille.

258 — Vignettes de Binet, pour les Œuvres de Restif de la Bretonne. 60 p., très belles ép.

259 — Vignettes anciennes, d'après Eisen, Cochin, Gravelot, Moreau le jeune, etc. 45 p., plusieurs avant la lettre.

260 — Aventures du *Gourou Paramarta*, Conte drôlatique indien. Suite de vingt eaux-fortes de Bernay et Cattelain, tirage à part en sanguine, sur Chine volant.

261 — Suite de onze figures de Johannot pour *les Jésuites* in-8. Très belles ép. avant la lettre sur Chine.

262 — Vignettes pour les Chansons de Béranger et Notre-Dame de Paris. 3 p. avant la lettre.

263 **Vignettes diverses.** Figures pour Daphnis et Chloé et autres, 30 pièces. — Vignettes pour la Bible, 13 p. avant la lettre. Ensemble 43 p.

264 — Vignettes de Duplessis-Bertaux, pour l'Histoire de la Révolution. — Suite de vingt-cinq figures de Martinet, Couché, etc. pour l'Histoire de la Restauration. Ép. sur Chine. Ensemble 50 p.

265 — Suite de quatre figures de Johannot pour les Œuvres de Beaumarchais, avant la lettre. — Cinq figures de Desenne pour *Manon Lescaut*, avant la lettre. — quatre figures de Johannot pour *Werther* — et sept fig. de Smirke pour *Gil-Blas*. Ensemble 20 p.

266 — Suite de onze figures de Tony Johannot et un frontispice pour *le Voyage sentimental* de Sterne, gravées sur bois. — Suite de douze têtes de livres et un frontispice pour les Fables de La Fontaine de Grandville. — Cent trois gravures sur bois et seize cartes, pour l'Histoire des Ducs de Bourgogne, par de Barante. Ensemble 143 p.

267 — Douze eaux-fortes de Trimolet pour *Comick-Almanach*, 1843. — Suite de vingt figures de Devéria, pour les Œuvres de Mme Cottin. — Gravures pour les Trois règnes de la Nature, coloriées. — Les sept sacrements du Poussin, in-8, avant la lettre et eaux-fortes pures. Ensemble 93 p.

268 — Vingt-cinq figures sur bois d'après Tony Johannot, etc. pour *Roland Furieux*. — Vingt-cinq figures sur bois d'après Tony Johannot, sur Chine avant la lettre, pour la *Nouvelle Héloïse*. — Vingt et une figures de Karl Girardet pour la *Jérusalem délivrée*. Ensemble 71 p.

269 **Vignettes diverses.** Cinquante-quatre vignettes de Ch. Jacque pour les Œuvres de Walter Scott, 54 p. — 125 vignettes de Tony Johannot pour le Théâtre de Scribe. Ensemble 179 pièces.

270 — Quatre-vingt-onze vignettes de Marillier pour le *Cabinet des Fées.* — 12 vignettes pour le Tableau de l'Amour conjugal. Ensemble 103 p.

271 — Vignettes modernes avant la lettre et eaux-fortes pures, 37 p.

272 — Frontispices, fleurons et entêtes gravés à l'eau-forte. 32 p. avant la lettre et non terminées.

273 — Vignettes diverses, gravées à l'eau-forte, 49 p. avant la lettre et non terminées.

274 — Fumés sur Chine, pour différents ouvrages. 42 p.

Vve Renou et Maulde, imprimeurs de la Compagnie des Commissaires-Priseurs, rue de Rivoli 144. 300—86817

www.ingramcontent.com/pod-product-compliance
Ingram Content Group UK Ltd.
Pitfield, Milton Keynes, MK11 3LW, UK
UKHW022001260726
13994UKWH00004B/1894